AF219543

Impressum
Verlag: BABADADA GmbH, Nedderfeld 112 , 22529 Hamburg
Geschäftsführer / Verlagsleitung: Harald Hof
Druck: Books on Demand GmbH, In de Tarpen 42, 22848 Norderstedt

Imprint
Publisher: BABADADA GmbH, Nedderfeld 112 , 22529 Hamburg, Germany
Managing Director / Publishing direction: Harald Hof
Print: Books on Demand GmbH, In de Tarpen 42, 22848 Norderstedt

shule

ትምህርት ቤት

sajili
መማሪያ ክፍል
kugawanya
ማካፈል
186/2
ubao
ሰሌዳ
mwalimu
መምህር
karatasi
ወረቀት
kuandika
መፃፍ
kalamu
እስክሪብቶ
dawati
መፃፊያ ጠረጴዛ
rula
ማስመሪያ
kitabu
mwanafunzi
ተማሪ

mkoba

የጀርባ ቦርሳ

kikasha cha penseli

የእርሳስ መያዣ

penseli

እርሳስ

kichonga penseli

የእርሳስ መቅረጫ

mpira

ላጲስ

pedi ya kuchora

የስዕል ደብተር

uchoraji

ስዕል

brashi ya rangi

የቀለም ብሩሽ

sanduku la rangi

የቀለም ሳጥን

mkasi

መቀስ

gundi

ማጣበቂያ

daftari

መልመጃ ደብተር

kazi ya nyumbani

የቤት ስራ

nambari

ቁጥር

jumlisha

መደመር

ondoa

መቀነስ

zidisha

ማባዛት

kokotoa

ቁጥሮችን ማስላት

barua

ደብዳቤ

alfabeti

ፊደላት

neno

ቃል

maandishi

ሑፍ

kusoma

ማንበብ

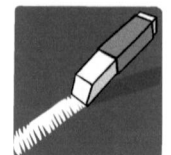

chaki

መኔ

somo

ትምህርት

sajili

ምዝገባ

uchunguzi

ተና

cheti

ርተፊኬት

sare za shule

ትምህርት ቤት ደንብ ልብስ

elimu

ትምህርት

elezo

አዉደ ጥበብ

chuo kikuu

ዩኒቨርስቲ

darubini

ምርምር አጉሊ መሳርያ

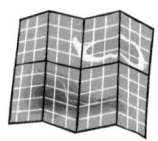

ramani

ካርታ

kikapu cha kuweka karatasi chafu

ቆሻሻ ወረቀት መጣያ ቅርጫት

hoteli
ቴል
Grand
hosteli
ማረፊያ ቤት
ROOMS
ofisi ya ubadilishanaji
ዉጭ ገንዘብ ምንዛሪ ቢሮ
EXCHANGE
sanduku
ልብስ መያዣ
ሻንጣ
gari

lugha

ቋንቋ

ndiyo / la

አዎ/ አይደለም

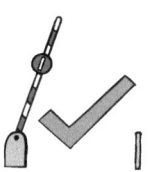

sawa

እሺ

hujambo

ሰላም

mtafsiri

አስተርጓሚ

Asante

አመሰግናለሁ

kiasi gani ni ...?

ስንት ነዉ.......?

Sielewi

አልገባኝም

tatizo

እክል

Jioni njema!

እንደምን አመሹ!

Habari za asubuhi!

እንደምን አደሩ!

Usiku mwema!

መልካም ምሽት!

kwa heri

ደህና ይሰንብቱ

mwelekeo

አቅጣጫ

mizigo

ሻንጣ

mfuko

ቦርሳ

shanta

የጀርባ ቦርሳ

mgeni

እንግዳ

chumba

ክፍል

begi la kulalia

የመተኛ ቦርሳ

hema

ድንኳን

taarifa ya utalii
....
የጎብኚዎች መረጃ

ufuo
....
የባህር ዳርቻ

kadi
....
ክሬዲት ካርድ

kifunguakinywa
....
ቁርስ

chakula cha mchana
....
ምሳ

chakula cha jioni
....
እራት

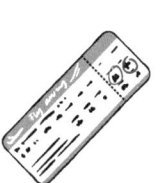

tiketi
....
ቲኬት

kuinua
....
አሳንሰር

muhuri
....
ማህተም

mpaka
....
ድንበር

mila
....
ባህሎች

ubalozi
....
ኤምባሲ

visa
....
ቪዛ/የይለፍ ወረቀት

pasipoti
....
ፓስፖርት

usafiri

መጓጓዣ

ndege
አዉሮፕላን
meli
መርከብ
injini ya moto
የእሳት አደጋ መኪና
basi
lori
የጭነት መኪና
motaboti
የሞተር ጀልባ
baiskeli
ብስክሌት
gari
መኪና

feri

የማመላለሻ ጀልባ

mashua

ጀልባ

pikipiki

የሞተር ብስክሌት

gari la polisi

የፖሊስ መኪና

gari la mashindano

የዉድድር መኪና

gari la kukodisha

የኪራይ መኪና

kushiriki gari

የመኪና መጋራት

lori la kuvuta

ጎታች መኪና

ukusanyaji taka

የቆሻሻ ጭነት መኪና

motor

ሞተር

mafuta

ነዳጅ

kituo cha mafuta

የቤንዚን ማደያ

ishara trafiki

የመንገድ ምልክት

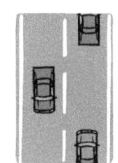

trafiki

የመኪኖች እንቅስቃሴ

msongamano

የመኪና መጨናነቅ

maegesho

የመኪና ማቆሚያ

kituo cha treni

የባቡር ጣቢያ

reli

የባቡር ሀዲዶች

garimoshi

ባቡር

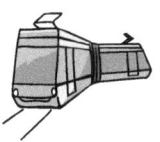

tremu

የኤሌክትሪክ ባቡር

gari la mizigo

ሰረገላ

helikopta

ሄሊኮፕተር

uwanja wa ndege

አየር ማረፊያ

mnara

ማማ

abiria

መንገደኛ

chombo

ማስቀመጫ፤ ማጠራቀሚያ

katoni

ካርቶን እቃ ማሸጊያ

mkokoteni

ጋሪ፤ ተሳቢ

kikapu

ቅርጫት

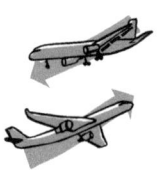

ondoka

መነሳት/ ማረፍ

jiji

ከተማ

kijiji

መንደር

katikati ya jiji

የ ተማ ማዕ ል

nyumba

ቤት

sinema
ሲኔማ

tangazo
ማስታወቂያ

taa za mitaani
የመንገድ ዳር መብራት

barabara
መንገድ

teksi
ታክሲ

CINEMA

duka la vitafunio
የቁርስ መቆያ ሱቅ

mtembea kwa miguu
እግረኛ

njia ya waenda kwa miguu
ድንጋይ የተነጠፈበት የእግረኛ
መንገድ

kivuko
የእግረኛ መሻገሪያ

pipa
የቆሻሻ
ማጠራቀሚያ

kuvuka
ማቋረጫ

taa za trafiki
የትራፊክ መብራቶች

kibanda

ጎጆ

gorofa

አፓርታማ

kituo cha treni

የባቡር ጣቢያ

ukumbi wa mji

የከተማ አዳራሽ

Makavazi

ቤተ መዘክር

shule

ትምህርት ቤት

chuo kikuu

ዩኒቨርስቲ

benki

ባንክ

hospitali

ሆስፒታል

hoteli

ሆቴል

duka la dawa

መድሐኒት ቤት

ofisi

ቢሮ

duka la kitabu

መፅሐፍ መሸጫ

duka

ሱቅ

duka la maua

የአበባ መሸጫ

dukakuu

የሸቀጣ ሸቀጥ መደብር

soko

ገበያ ስፍራ

idara ya kuhifadhi

መደብር

mwuza samaki

የዓሳ ነጋዴ

kituo cha ununuzi

የገበያ ማዕከል

bandari

ወደብ

Hifadhi

መናፈሻ ቦታ

benki

አግዳሚ ወንበር

daraja

ድልድይ

vidato

ደረጃዎች

chini ya ardhi

ዉስጥ ለዉስጥ

handaki

ዋሻ

kituo cha mabasi

የአዉቶቡስ ፌርማታ

bar

ባር

mgahawa

ምግብ ቤት

sanduku la posta

የፖስታ ሳጥን

ishara ya barabara

የመንገድ ምልክት

mita ya maegesho

የመኪና ማቆሚያ ሒሳብ የሚያሰላ
ማሽን

bustani ya wanyama

የደር እንስሳት ማቆያ

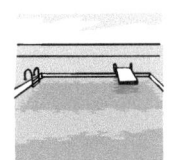

kidimbwi cha kuogelea

የመዋኛ ገንዳ

msikiti

መስጊድ

shamba

እርሻ

uchafuzi

የሚበክል ነገር

makaburini

መቃብር ስፍራ

kanisa

ቤተ ክርስቲያን

uwanja wa michezo

መጫወቻ ˙ሜዳ

hekalu

ቤተ መቅደስ

mazingira

ልከዓምድር

jani
ቅጠል
ishara ya mwelekeo
የመንገድ ላይ ምልክት
njia
መንገድ
malisho
አረንጓዴ መስክ
jiwe
ድንጋይ
mtembeaji wa masafa
በእግሩ የሚጓዝ
mti
ዛፍ
mto
ወንዝ
nyasi
ሳር
ua
አበባ

bonde

ሸለቆ

kilima

ኮረብታ

ziwa

ሀይቅ

msitu

ጫካ

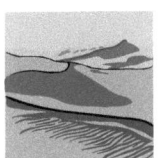
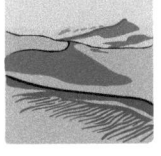

jangwa

በረሃ

volkano

እሳተ ገሞራ

ngome

ግምብ

upinde wa mvua

ቀስተ ዳመና

uyoga

እንጉዳይ

mtende

የቴምብር ዛፍ/ ዘንባባ

mbu

ቢንቢ/ የወባ ትንኝ

kuruka

በራሪ

chungu

ጉንዳን

nyuki

ንብ

buibui

ሸረሪት

mende

ጢንዚዛ

chura

እንቁራሪት

kuchakuro

ሽኮኮ

nungunungu

ጃርት

sungura

ጥንቸል

bundi

ጉጉት ወፍ

ndege

ወፍ

swan

የዉሃ ዳክዬ

nguruwe mwitu

ከርከሮ

kulungu

አጋዘን

aina ya kongoni

አጋዘን

bwawa

ግድብ

tabo ya upepo

በነፋስ የሚሽከረከር

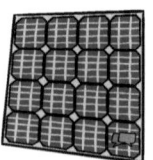

nishaji ya jua

የፀሀይ ፓኔሎ

hali ya hewa

አየር ንብረት

mgahawa
ምግብ ቤት

mhudumu
አስተናጋጅ
menyu
kiti
ወንበር
supu
ርባ
piza
ፒዛ
vilia
መክተፊያ
kitambaa cha mezani
ጠረጴዛ ጨርቅ

kiamsha hamu

ምግብ ፍላጎትን ሚከፍት ምግብ

kozi kuu

ዋና ምግብ

kitindamlo

ጣጣሚያ ተከታይ ምግብ

vinywaji

መጠጦች

chakula

ምግብ

chupa

ጠርሙስ

chakula cha haraka

ፈጣን ምግብ

Streetfood

የመንገድ ምግብ

buli

የሻይ ማንቆርቆሪያ

kisanduku cha sukari

የስኳር እቃ

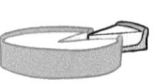

sehemu

ድርሻ

mashine ya espresso

የቡና ማፈያ ማሽን

kiti kirefu

ባለጌ ወንበር

muswada

የክፍያ ደረሰኝ

trei

ትሪ

kisu

ቢላዋ

uma

ሹካ

kijiko

ማንኪያ

kijiko cha chai

የሻይ ማንኪያ

nepi

ልብስ ምግብ እንዳይነካ የሚረዳ ጨርቅ

glasi

ብርጭቆ

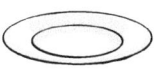

sahani

ዝርግ ሰሀን

sahani ya supu

የሾርባ ጎድጓዳ ሰሀን

sufuria

የስኒ ማስቀመጫ

mchuzi

ማጣፈጫ ስጎ

kichanyaji chumvi

የጨዉ እቃ

kinu cha pilipili

የተፈጨ ቃሪያ

siki

ኮምጣጤ

mafuta

የምግብ ዘይት

viungo

ቀመማ ቅመሞች

kechapu

የቲማቲም ድልህ

haradali

ሰናፍጭ

kachumbari nzito

ማዮኒዝ

dukakuu

የሸቀጣ ሸቀጥ መደብር

ofa maalum
ልዩ አቅራቦት
FOR
mteja
ደምበኛ
maziwa
የወተት ተዋፅዖ
matunda
ፍራፍሬ
toroli
ባለ ጎማ የእጅ ጋሪ

BUTCHERS

mchinjaji

ሉካንዳ ነጋዴ

BAKERY

mwokaji

መጋገርያ

uzito

ክብደት መመዘን

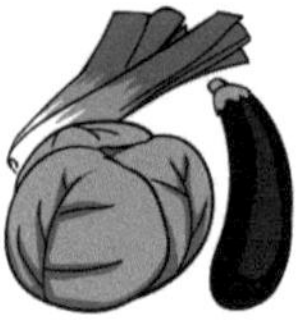

mboga

ቅጠላ ቅጠል አትክልት

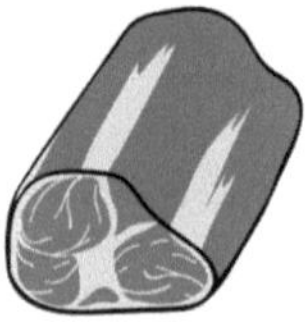

nyama

ስጋ

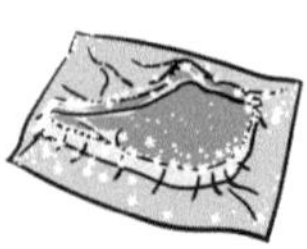

chakula waliohifadhiwa

የቀዘቀዘ/የረጋ ምግብ

vipande vya nyama baridi

ቀዝቃዛ ቁራጭ

chakula cha kopo

የታሸገ ምግብ

sabuni ya unga

የማጠቢያ ዱቄት

pipi

ጣፋጮች

bidhaa za kaya

የቤት ዉስጥ ዉጤቶች

bidhaa za kusafisha

የፅዳት ምርቶች

mtu mauzo

የሽያጭ ባለሙያ

mpaka

የገንዘብ መመዝቢያ ማሽን

keshia

የሒሳብ ሰራተኛ

orodha ya manunuzi

የግዢ ዝርዝር

masaa ya ufunguzi

ክፍት ሰዓታት

mkoba

የኪስ ቦርሳ

kadi

ክሬዲት ካርድ

mfuko

ቦርሳ

mfuko wa plastiki

የፕላስቲክ ቦርሳ

vinywaji

መጠጦች

maji

ውሃ

sharubati

ጭማቂ

maziwa

ወተት

coke

ኮካ-ኮላ

mvinyo

ወይን

bia

ቢራ

pombe

አልኮል

kakao

ኮካ

chai

ሻይ

kahawa

ቡና

spreso

የተፈላ ቡና

kapuchino

ካፑቺኖ

chakula

ግብ

ndizi

ሙዝ

tufaha

ም

machungwa

ብርቱካን

tikiti

ሀብሀብ

lemon

ሎሚ

karoti

ካሮት

kitunguu saumu

ነጭ ሽንኩርት

mianzi

ሸምበቆ

kitunguu

ቀይ ሽንኩርት

uyoga

እንጉዳይ

karanga

ለዉዝ

nudo

የህፃናት ምግብ

spageti

ፓስታ

mpunga

ሩዝ

saladi

ሰላጣ

vibanzi

የድንች ጥብስ

viazi vya kukaanga

ድንች ጥብስ

piza

ፒዛ

hambaga

ዳቦ ዉስጥ በስሱ ተጠብሶ የገባ ስጋ

sandwichi

ሳንድዊች

kipande

ጥሬ ስጋ

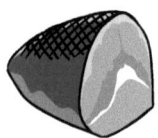

paja la mnyama

የአሳማ ስጋ

salami

በቅመምና በጨዉ የታሸ ምግብ ቀዝቅዞ የሚበላ ሾርባ ምግብ

soseji

ቋሊማ

kuku

ዶሮ

choma

ጥብስ

samaki

አሳ

oats ya uji

የአጃ ገንፎ

muesli

ከወተት ጋር ተደባልቀዉ የሚበሉ ምግቦች

cornflakes

የበቆሎ ቅርፊት

unga

ዱቄት

kroisanti

ኩራሳ

andazi

ድብልብል ዳቦ

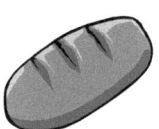

mkate

ዳቦ

mkate wa kubanika

መጥበስ

biskuti

ብስኩት

siagi

ቅቤ

maziwa mgando

እርጎ

keki

ኬክ

yai

እንቁላል

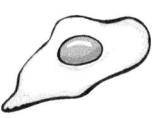

yai kukaanga

እንቁላል ጥብስ

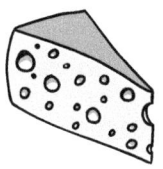

jibini

አይብ

aiskrimu

የበረዶ ክሬም

sukari

ስኳር

asali

ማር

jemu

ማርማላት

kuenea kwa chokoleti

የ ናጠ የወ ት ክሬም

mchuzi wa viungo

ማጣፈጫ

shamba
እርሻ

nyumba ya kilimo
የገበሬ ቤት
ghalani
የእህልና የከብት ማቀመጫ ቤት
majani bale
የጭድ ክምር
uwanja
ሜዳ
farasi
ፈረስ
trela
ተሳቢ መኪና
trekta
የእርሻ መኪና
mtoto
የፈረስ ውርንጭላ
punda
አህያ
kondoo
በግ
mwanakondoo
የበግ ጠቦት

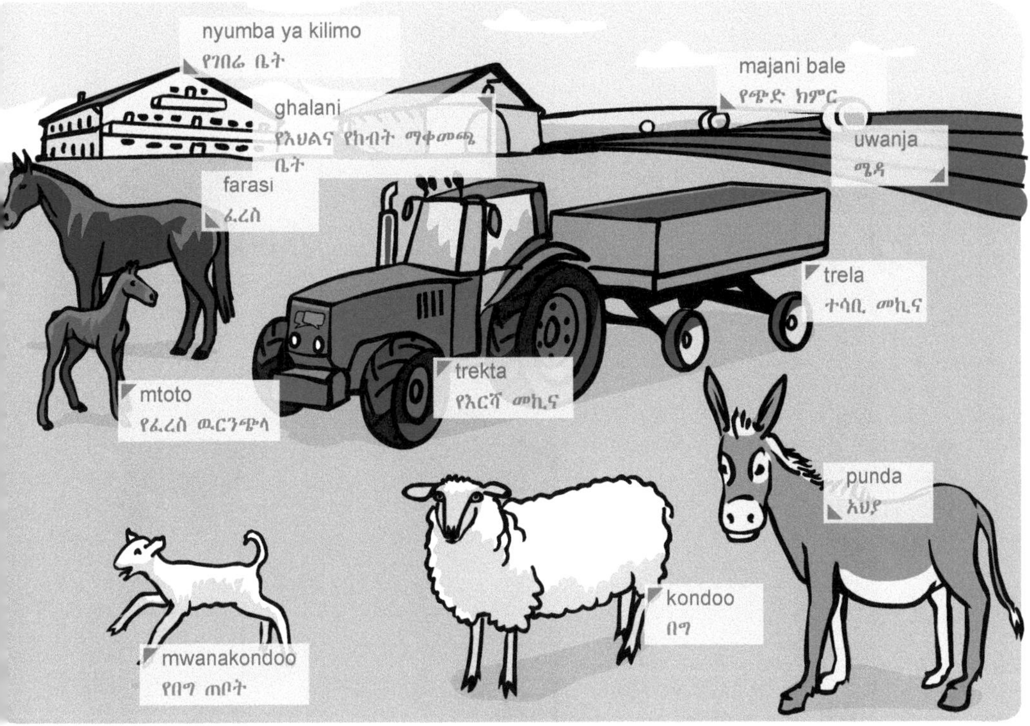

mbuzi

ፍየል

ng'ombe

ላም

ndama

ጥጃ

nguruwe

አሳማ

mwananguruwe

ግልገል አሳማ

fahali

ኮርማ

batabukini

ዝይ

bata

ዳክዬ

kifaranga

የዶሮ ጫጩት

kuku

ዶር

jogoo

አዉራ ዶሮ

panya

አይጥ

paka

ደድመት

panya

አይጥ

ng'ombe

በሬ

mbwa

ዉሻ

nyumba ya mbwa

የዉሻ ቤት

bomba la bustani

የአትክልት ቦታ

debe la kumwagilia maji

ዉሃ ማጠጫ ባልዲ

fyekeo

ረጅም ማጭድ

kulima

ማረሻ

mundu

ማጭድ

jembe

መኮትኮቻ

uma wa nyasi

የእህል መንሽ

shoka

መጥረቢያ

toroli

ኩርኩር/ የእጅ ጋሪ

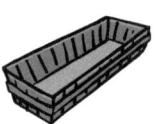

kupitia nyimbo

ገንዳ

chombo cha maziwa

የወተት ዕቃ

gunia

ጆንያ ከረጢት

ua

አጥር

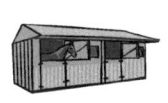

imara

የፈረስ ጋጣ

chafu

ዕፅዋት ማሳደጊያ የመስታዉት
ቤት

udongo

አፈር

mbegu

ዘር

mbolea

የመሬት ማዳበሪያ

kivunaji

ጥምር ማረሻ

mavuno

አዝመራ መሰብሰብ

mavuno

አዝመራ

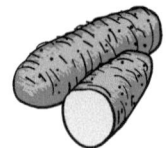

viazi vikuu

ድንች

ngano

ስንዴ

soya

ሶያ

viazi

ድንች

mahindi

በቆሎ

rapa

የከብት መኖ

mti wa matunda

የፍሬ ዛፍ

muhogo

የካሳቫ ዛፍ

nafaka

እህል

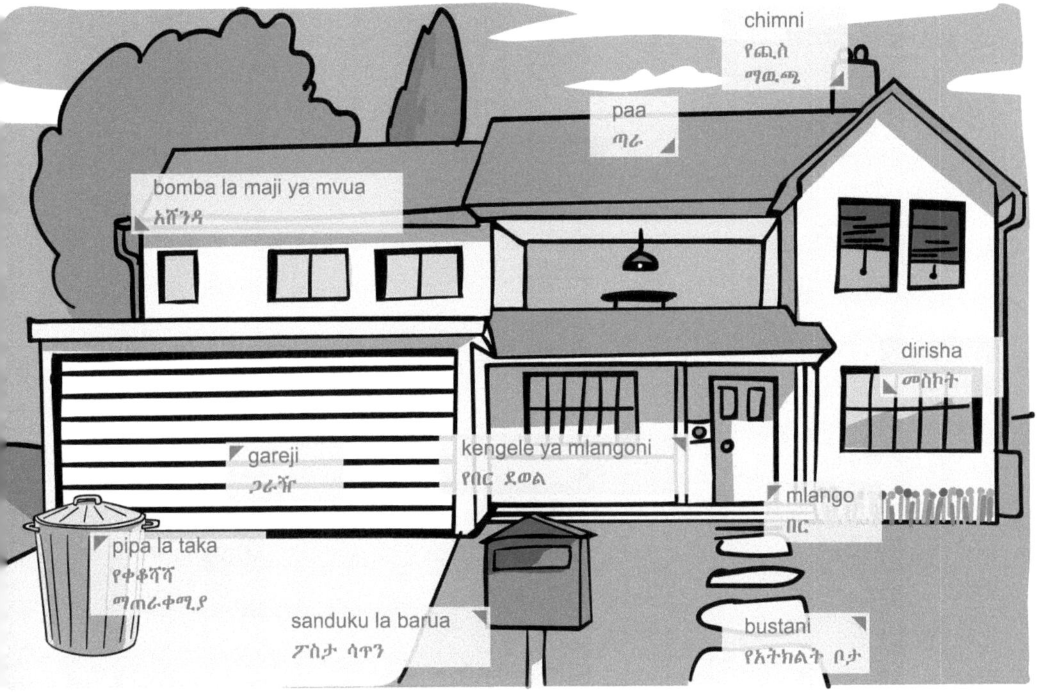

chimni
የጢስ ማውጫ

paa
ጣራ

bomba la maji ya mvua
አሸንዳ

dirisha
መስኮት

gareji
ጋራዥ

kengele ya mlangoni
የበር ደወል

mlango
በር

pipa la taka
የቀቆሻሻ ማጠራቀሚያ

sanduku la barua
ፖስታ ሳጥን

bustani
የአትክልት ቦታ

sebuleni
ሳሎን

bafu
መታጠቢያ ቤት

jikoni
ማድቤት

chumba cha kulala
መኝታ ቤት

chumba ya mtoto
የልጅ ክፍል

chumba cha kulia
መመገቢያ ክፍል

sakafu

ወለል

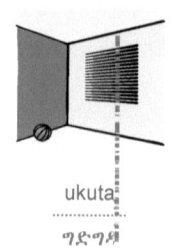

ukuta

ግድግዳ

dari

ጣሪያ

pishi

ምድር ቤት

sauna

በእንፋሎት ሙቀት መታጠቢያ ቤት

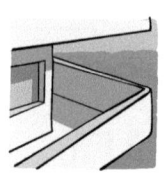

roshani

ሰገነት

mtaro

ከፍ ያለ መደብ

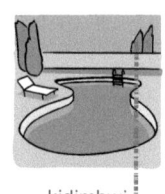

kidimbwi

የመዋኛ ገንዳ

mashine ya kukata nyasi

የማጨጃ መኪና

karatasi

አንሶላ

kitambaa cha kupamba kitanda

የአልጋ ልብስ

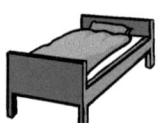

kitanda

አልጋ

ufagio

መጥረጊያ

ndoo

ባልዲ

kubadili

ማብሪያና ማጥፊያ

sebuleni

ሎን

mandhari
የግድግዳ ወረቀት
picha
ፎቶ
taa
መብራት
rafu
መደርደሪያ
kabati
ቁም ሳጥን፣ ካቢኔ
televisheni/runinga
mekoni
የእሳት መሞቂያ
ua
አበባ
mto
ትራስ
sofa
ሶፋ
chombo cha maua
የአበባ ማስቀመጫ
kitenzambali
ሪሞት ኮንትሮል

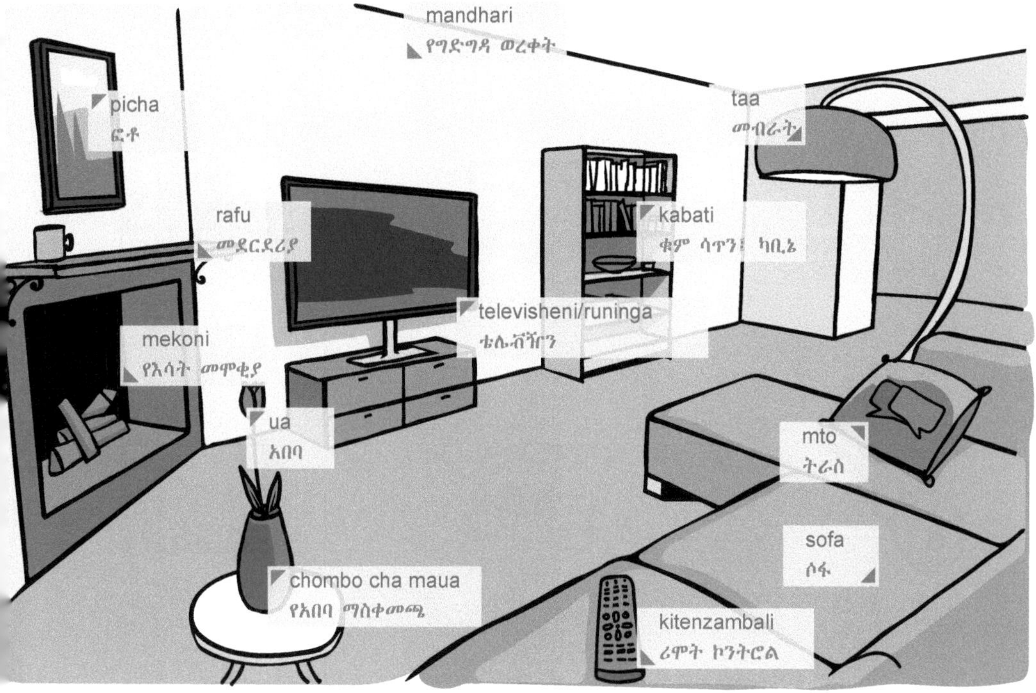

zulia

ንጣፍ

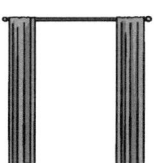

pazia

መጋረጃ

meza

ጠረጴዛ

kiti

ወንበር

kiti cha bembea

ተወዛዋዥ ወንበር

armchair

ባለመደገፊያ ወንበር

kitabu

መጽሐፍ

blanketi

ብርድ ልብስ

mapambo

ጌጥ

kuni

ማገዶ

filamu

ፊልም

kifaa cha hi-fi

የሙዚቃ መማጫወቻ

ufunguo

ቁልፍ

gazeti

ጋዜጣ

uchoraji

ስዕል

bango

የተለጠፈ ማስታወቂያ እንደ ስዕል

redio

ራዲዮ

daftari

ማስታወሻ ደብተር

kifyonza

የአየር ማፅጃ ለምንጣፍ

dungusi kakati

ቁልቋል

mshumaa

ሻማ

jikoni

ማድቤት

jokofu
ማቀዝቀዣ
kikanza
ማይክሮዌቭ ምግብ
ማብሰያ
wadogo jikoni
የኩሽና መመዘኛ
ሚዛን
kibaniko
ዳቦ መጥበሻ
sabuni
ንፁህ ማድረጊያ
stovu
ምድጃ
friza
ማቀዝቀዣ
pipa la taka
የቆሻሻ
ማጠራቀሚያ
mashine ya kuoshea vyombo
እቃ ማጠቢያ

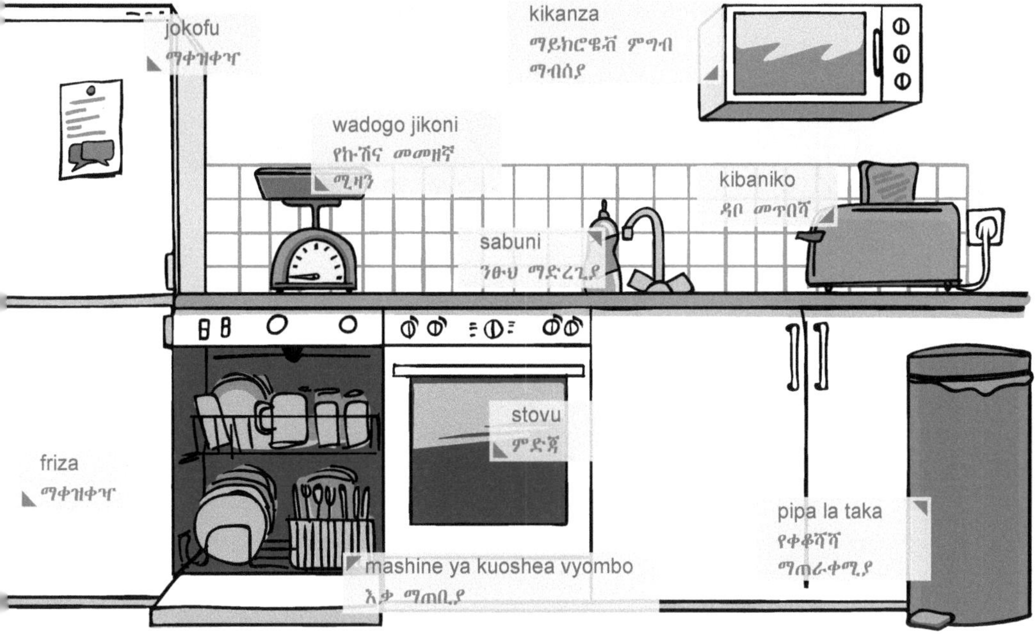

jiko la kupika

ምግብ አብሳይ

chungu

ማሰሮ

sufuria ya chuma

የብረት ማሰሮ

wok / kadai

ምግብ ማብሰያ ዝርግ ድስት

kaango

የምግብ መጥበሻ

birika

ማንቆርቆሪያ

stima

የእንፋሎት ማብሰያ

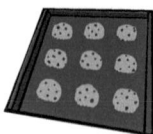

sinia ya kuoka

የ ጋገሪያ ትሪ

vyombo vya udongo

ሰብ ቦች

kombe

ት ቅ ኩባያ

bakuli

ድንዳ ሳህን

vijiti vya kulia

ቾፕ ቲክ

ukawa

ጭ ፋ

mwiko mpana

ሰቅሰቂያ ዝርግ ማንኪያ

burashi

ማ ባለቂያ

kichujio

ጠሪያ

chujio

ንፊት

mbuzi

ፈርፈሪያ ሳሪያ

chokaa

ሲሚንቶ

barbeque

የፍም ጥብ

moto wazi

የተለቀቀ እሳት

ubao wa majaribio

መክተፊያ

kijiti cha kusukuma unga

ተንሸራታች መርፌ

kizibuo

የጠርሙስ መክፈቻ

kopo

ጣሳ

inaweza kopo

የጣሳ መክፈቻ

kishikio cha chungu

የማ ሮ መሸፈኛ

karo

ሳህን ማጠቢያ

brashi

ብሩሽ

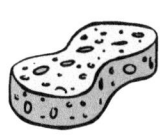

sifongo

ስፖንጅ

kisagaji matunda

መደባለቂያ መሳሪያ

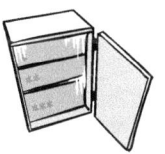

friji ya kina

በጣም ማቀዝቀዣ

chupa ya mtoto

ጡጦ

bomba

ቧንቧ

bafu

መታጠቢያ ቤት

joto
ማሞቂያ
mfereji wa kuogea
መታጠቢያ
taulo
ፎጣ
pazia la kuogea
የመታጠቢያ ቤት መጋረጃ
maji ya kuoga yenye povu
የአረፋ መታጠቢያ
hodhi
የመታጠቢያ ገንዳ
glasi
ብርጭቆ
mashine ya kuosha
የልብስ ማጠቢያ
bomba
ቧንቧ
vigae
ማዕዘን ወለል
poti
ፖፖ
karo
ሳህን ማጠቢያ

choo
ሽንት ቤት

choo cha squat
የሽንት ቤት መቀመጫ

beseni la mviringo
ሳፋ

choo cha umma
የመንገድ ዳር መሽኛ

shashi
የሽንት ቤት ወረቀት

brashi ya choo
የሽንት ቤት ማፅጃ ብሩሽ

mswaki

የጥርስ ብሩሽ

dawa ya meno

የጥርስ ሳሙና

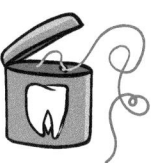

dawa ya meno

የጥርስ ማፅጃ ክር

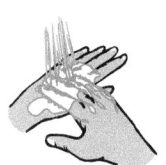

safisha

መታጠብ

kuoga mkono

የእጅ መታጠቢያ

msukumo wa maji

መታጠቢያ

bonde

ጎድጓዳ ሳህን

mpako wa pili

የጀርባ ብሩሽ

sabuni

ሳሙና

jeli ya kuogea

የመታጠቢያ የሚዝለገለግ ሳሙና

shampuu

የፀጉር መታጠቢያ ሳሙና

flana

ለስላሳ ጨርቅ

toa maji

ፍሳሽ

krimu

ክሬም

kiondoa harufu

ጠረን መቀየሪያ ንጥረ ነገር

kioo

መስታወት

kioo mkono

የእጅ መስታወት

kinyozi

ምላጭ

povu la kunyoa

የመላጫ አረፋ

baada ya kunyoa

ከመላጨት በኋላ የሚቀባ ሽቱ

kichana

ማበጠሪያ

brashi

ብሩሽ

kikausha nywele

የፀጉር ማድረቂያ

marashi ya nyewele

በፀጉር ላይ የሚነፋ

vipodozi

የፊት መቀባቢያ

kidomwa

የከንፈር ቀለም

varnish ya msumari

የጥፍር ቀለም

pamba

የጥጥ ሱፍ

mkasi wa kucha

ጥፍር መቁረጫ

manukato

ሽቶ

mkoba wa kuosha

ማጠቢያ ባልዲ

kinyesi

መቀመጫ

mizani

ሚዛን

nguo ya kuoga

የመታጠቢያ ልብስ

glavu za mpira

የላስቲክ ጓንት

kisodo

ሞዴስ

sodo

የፅዳት ፎጣ

kemikali choo

የሽንት ቤት ኬሚካል

chumba ya mtoto

የልጅ ክፍል

saa ya kengele
የማንቂያ ደዉል ሰዐት
kidoli cha kupakata
የህፃን አሻንጉሊት
gari bandia
የመጫወቻ መኪና
kelele
ማንገጫገጫ
መጫወቻ
chumba cha midoli
የአሻንጉሊት ቤት
sasa
ስጦታ

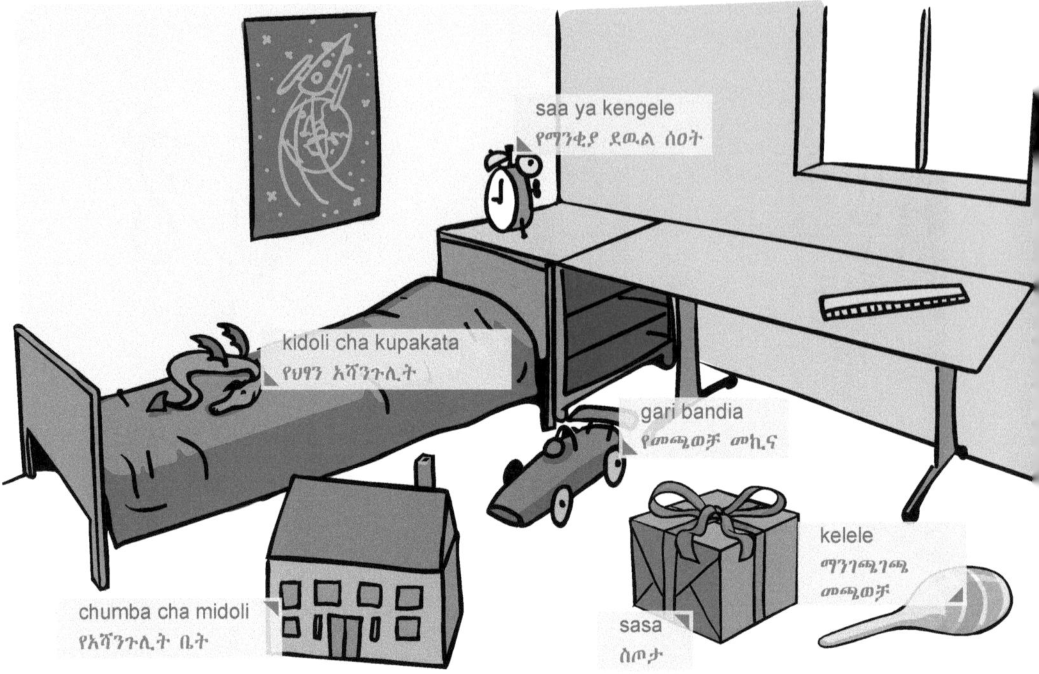

baluni

ፊኛ

kitanda

አልጋ

mashua

የህፃን ማንሸራሸሪያ ጋሪ

staha ya kadi

የካርታ መጫወቻ

mchezo-fumb

ቁርጥራጭ ምስሎችን የማገጣጠም
እና ምስል የማግኘት ጨዋታ

vichekesho

አዝናኝ

matofali lego

ተገጣጣሚ መጫወቻ

vitalu mwigo

የመጫወቻ መገጣጠሚያዎች

hatua takwimu

የድርጊት ምስል

suti ya kulalia

የህፃን እድገት

kisahani

የፕላስቲክ መጫወቻ ዝርግ ሰሀን

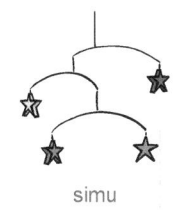

simu

ተወዛዋዥ የህፃን ማጫወቻ

ubao wa michezo

የሰሌዳ ጨዋታ

kete

የመጫወቻ ጠጠር

garimoshi mwigo

የመጫወቻ ባቡር

dummy

የእንጀራ እናት ጡጦ

chama

ድግስ

picha kitabu

የስዕል መፅሀፍ

mpira

ኳስ

kikaragosi

አሻንጉሊት

kucheza

መጫወት

shimo la mchanga

የአሸዋ መጫወቻ

bembea

ዥዋዥዌ

vitu bandia

መጫወቻዎች

kiweko cha video ya mchezo

የቪዲዮ መጫወቻ

baiskeli ya magurudumu

ባለ ሶስት ጎማ ብስክሌት

matatu

mwanasesere

የአሻንጉሊት ድብ

kabati

ቁምሳጥን

nguo

አልባሳት

soksi

ካልሲዎች

stokingi

ስቶኪንጎች

kibano

ታይት

skafu
የአንገት ልብስ

ukanda
ቀበቶ

mwavuli
ዥንጥላ

fulana
ከናቴራ

viatu
ቡቲ

ndara
የቤት ዉስጥ ነጠላ
ጫማ

wakufunzi
ስኒከሮች

malapa
ነጠላ ጫማዎች

viatu
ጫማዎች

mabuti ya mpira
የዝናብ ቡትስ

suruali ya ndani
ሙታንታ

sidiria
ጡት መያዣ

fulana
ስደርያ

nguo - አልባሳት 45

mwili

ሰዉነት

suruali

ሱሪዎች

dangirizi

ጅንስ

sketi

ጉርድ ቀሚስ

blauzi

ሸሚዝ

shati

ሸሚዝ

vuta

የሚጠለቅ ሹራብ

sweta

ሹራብ

bleza

ዩኒፎርም ጃኬት

jaketi

ጃኬት

koti

ኮት

koti la mvua

የዝናብ ኮት

maleba

ልብስ

gauni

ቀሚስ

mavazi ya harusi

የሙሽራ ቀሚስ

suti

ሱፍ

vazi la usiku

የለሊት ልብስ

pajama

የለሊት ልብስ

sari

ረጅም ቀሚስ

skafu

ሂጃብ

kilemba

ጥምጣም

burka

ቡርቃ

kaftan

ሸርጥ

abaya

አባያ

vazi la kuogelea

የዋና ልብስ

vazi la kiume la kuogelea

አጭር ቁምጣ

kaptura

ቁምጣዎች

teitei

የስራ ቱታ

aproni

ሸርጥ

glavu

ጓንት

kifungo

ቁልፍ

glasi

መነፅር

bangili

አምባር

mkufu

የአንገት ሀብል

pete

ቀለበት

herini

የጆሮ ጌጥ

kofia

ኮፍያ

kiango cha koti

የኮት መስቀያ

kofia

ኮፍያ

tai

ክረቫት

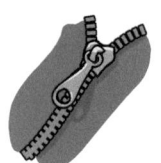

zipu

ዚፕ

kofia

የብረት ቆብ

kanda za suruali

መደገፊያ

sare za shule

የትምህርት ቤት የደንብ ልብስ

sare

የደንብ ልብስ

bibu

መሃረብ

dummy

የእንጀራ እናት ጡጦ

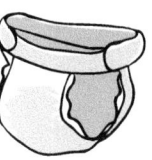

nepi

ሽንት ጨርቅ

ofisi

ቢሮ

seva
ማሰራጫ
ጣቢያ
kabati la kuweka faili
የፋይል መደርደሪያ ካቢኔ
kichapishaji
የህትመት መሳሪያ
karatasi
ወረቀት
kiwambo
መቆጣጠሪያ
kipanya
dawati
መፃፊያ ጠረጴዛ
folda
ማህደር
kibodi
የመፃፊ ቁልፎች
u cha kuweka karatasi chafu
ወረቀት መጣያ ቅርጫት
kiti
ወንበር
kompyuta
ኮምፒዉተር

kmobe la kahawa

የቡና መጠጫ ትልቅ ኩባያ

kikokotoo

ማስልያ ማሽን

biashara

ኢንተርኔት

mbali

ላፕቶፕ

barua

ደብዳቤ

ujumbe

መልዕክት

rununu

ተንቀሳቃሽ ስልክ

intaneti

የግንኙነት አዉታር

fotokopia

ማባዣ ማሽን

programu

ሶፍትዌር

simu

ስልክ

soketi

የግድግዳ ሶኬት

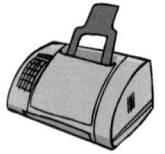

kipepesi

የፋክስ ማሽን

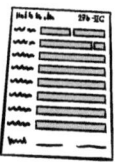

fomu

ቅፅ

hati

ሰነድ

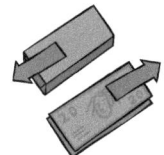

kununua
መግዛት

kulipa
መክፈል

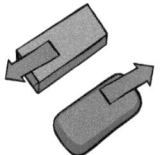

biashara
መነገድ

fedha
ገንዘብ

dola
ዶላር

yuro
ዩሮ

yeni
የን

rouble
ሩብል

faranga ya Uswisi
የስዊዝ ፍራንክ

renminbi yuan
ሬንሚንቢ ዩዋን

rupia
ሩፒ

eneo la kulipia
የገንዘብ ነጥብ

ofisi ya ubadilishanaji

የዉጭ ገንዘብ ምንዛሪ ቢሮ

dhahabu

ወርቅ

fedha

ብር

mafuta

ዘ ት

nishati

ሀ ል፤ ጉልበት

bei

ዋጋ

mkataba

ግንኙነት

kodi

ቀረጥ

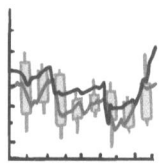

bidhaa

አክስዮን

kazi

መስራት

mfanyakazi

ተቀጣሪ

mwajiri

ቀጣሪ

kiwanda

ብሪካ

duka

ሱቅ

afisa wa polisi
mzimamoto
እሳት ደጋ ሰራተኛ
mpishi
ግብ ብሳይ
daktari
ዶክተር
rubani
ብራሪ

mtunza bustani

ትክልተኛ

seremala

ናጢ

mshonaji

ልብስ ሰፊ ሴት

hakimu

ዳኛ

mwanakemia

ቀማሚ

muigizaji

ተዋናይ

dereva wa basi

የአዉቶቢስ ሹፌር

dereva wa teksi

የታክሲ ሹፌር

mvuvi

አሳ አጥማጅ

mwanamke wa kusafisha

ፅዳት ሰራተኛ

mwezekaji

የጣራ ሰራተኛ

mhudumu

አስተናጋጅ

mwindaji

አዳኝ

mchoraji

ሰዓሊ

mwokaji

ጋጋሪ

umeme

የኤሌትሪክ ሰራተኛ

mjenzi

ገምቢ

mhandisi

መሃሃዲስ

mchinjaji

ልኳንዳ

fundi bomba

የቧንቧ ሰራተኛ

mwanaposta

የፖስታ ሰራተኛ

mwanajeshi

ወታደር

msanifu majengo

መሃንዲስ

keshia

የሒሳብ ሰራተኛ

muuza maua

አበባ ሻጭ

msusi

የፀጉር ሰራተኛ

kondakta

ቲኬት ቆራጭ

mekanika

መካኒክ

nahodha

ካፒቴን

daktari wa meno

የጥርስ ሐኪም

mwanasayansi

ተመራማሪ

rabbi

መምህር

imamu

የሙስሊም ሃይማኖታዊ መሪ

mtawa

መነኩሴ

kasisi

ካህን

zana

መሳሪያዎች

nyundo
መዶሻ
koleo
ተቆላፊ ጉጠት
bisibisi
መፍቻ
spana
የመሳሪ መፍቻ
kurunzi
ባትሪ

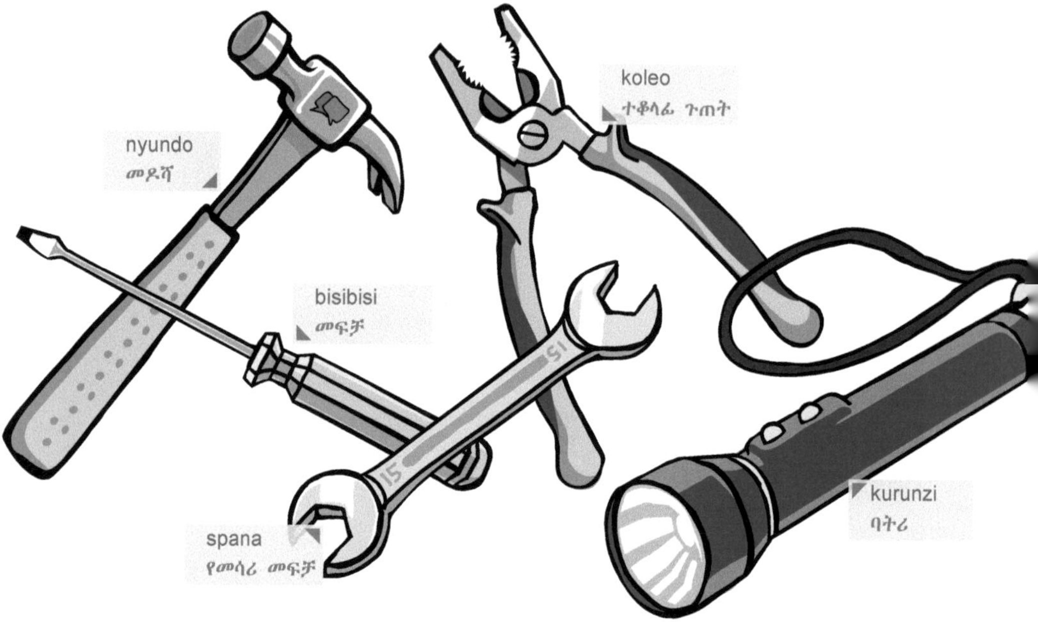

mchimbaji

በቁፋሮ የሚዝቅ

sanduku la vifaa

የመፍቻ ሳጥን

ngazi

መሰላል

msumeno

መጋዝ

misumari

ምስማር

kuchimba visima

መሰርሰሪያ

kukarabati

መጠገን

sepetu

አካፋ

Lo!

የተረገመ!

kishikio cha uchafu

ቆሻሻ ማፈሻ

chungu cha rangi

የቀለም ቆርቆሮ

skurubu

ብሎን

ala za muziki

የሙዚቃ መሳሪያዎች

mpangilio wa ngoma
የከበሮ መሳሪያዎች
spika
የድምፅ ማጉያ
መሳርያ
besi mara mbili
ድርብ ቤዝ ጊታር
gita
ክራር መሰል የሙዚቃ
መሳሪያ
tarumbeta
የትንፋሽ ሙዚቃ
መሳሪያ

piano

ፒያኖ

fidla

ቫዮሊን

ubeji

ወፍራም ፤ ጎርናና ድምፅ ያለዉ
ክራር መሰል ሙዚቃ መሳሪያ

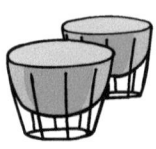

timpani

ነጋሪት

ngoma

ከበሮ

kibodi

በኤሌክትሪክ የሚሰራ ፒኖ

saksafoni

የትንፋሽ ሙዚቃ መሳሪያ

filimbi

ዋሽንት

maikrofoni

የድምፅ ማጉያ

bustani ya wanyama

የደር እንስሳት ማቆያ

simbamarara
ብር
lango la kuingia
ግቢ.ያ
ngome
ጥን
pundamilia
ሜዳ አህያ
chakula cha mifugo
ንስ ምግብ
panda
ትልቅ ድብ

wanyama

ንስ ቶች

tembo

ዝሆን

kangaruu

ካንጋሮ

kifaru

አዉራሪስ

sokwe

ትልቅ ዝንጀሮ

dubu

ድብ

ngamia

ግመል

mbuni

ሰጎን

simba

አንበሳ

tumbili

ጦጣ

heroe

ቅልጥመ ረዥም ወፍ

kasuku

በቀቀን

dubu

የወዋልታ ድብ

penguini

የዋልታ ወፎች

papa

ረጅም ጥርሶች ያሉትአሳ ነባሪ

tausi

ጣዎስ

nyoka

እባብ

mamba

አዞ

mtunza wanyama

የዱር አራዊት የሚጠበቁበት ማቆያን የሚጠብቅ

muhuri

አሳ በሊታ የባህር እንስሳ

jaguar

የዱር ድመት

mwanafarasi

ድንክ ፈረስ

chui

ነብር

kiboko

ጉማሬ

twiga

ቀጭኔ

tai

ንስር

nguruwe mwitu

ከርከሮ

samaki

አሳ

kobe

የባህር ኤሊ

sili

የባህር አዉሬ

mbweha

ቀበሮ

paa

የሜዳ ፍየል፣ ሚዳቋ

michezo

የስፖርት አይነቶች

soka ya marekani
አሜሪካ እግርኳስ
uendeshaji baiskeli
ስክሌት ስፖርት
tenisi
ቴኒስ
mpira wa kikapu
ቅርጫት ኳስ
kuogelea
ና
ndondi
ቡጢ ስፖርት
magongo ya barafuni
በረዶ ላይ ገና ጨ ታ

soka

እግር ኳስ

vinyoya

ላበ ኳስ ጨ ታ

riadha

አትሌ ክስ

mpira wa mikono

እጅ ኳስ ስፖርት

skii

በረዶ መንሸራተት ስፖርት

polo

ፈረስ ግልቢያ

kuruka
መዝለል

cheka
መሳቅ

kumbatia
ማቀፍ

kutembea
መራመድ

kuimba
መዘመር

ota ndoto
ህልም ማለም

kuomba
መፀለይ

busu
መሳም

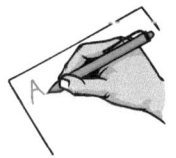

kuandika

መፃፍ

kuteka

መሳል

angalia

ማሳየት

sukuma

መግፋት

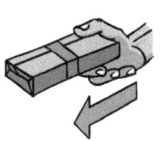

kutoa

መስጠት

kuchukua

መዉሰድ

kuwa

መያዝ

fanya

ማድረግ

kuwa

መሆን

kusimama

መቆም

kukimbia

መሮጥ

vuta

መሳብ

kutupa

መወርወር

kuanguka

መዉደቅ

hadaa

መዋሸት

kusubiri

መጠበቅ

kubeba

መሸከም

kukaa

መቀመጥ

vaa nguo

መልበስ

usingizi

መተኛት

kuamka

መንቃት

kuangalia

መመልከት

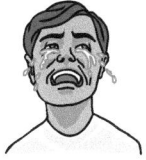

lia

ማለልቀስ

kiharusi

መ ር

chana nywele

ማ ጠር

ongea

ማዉራት

kuelewa

መረዳት

kuuliza

ጥያቄ

kusikiliza

ማዳመጥ

kunywa

መጠጣት

kula

መብላት

nadhifisha

ማንፃት

upendo

ማፍቀር

mpishi

ግብ ማብሰል

gari

መንዳት

kuruka

መብረር

meli

መርከብ መንዳት

kokotoa

ቁጥሮችን ማስላት

kusoma

ማንበብ

kujifunza

መማር

kazi

መስራት

kuoa

ማግባት

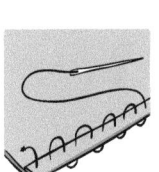

kushona

መስፋት

piga mswaki

ጥርስ መቦረሽ

kuua

መግደል

moshi

ማጨስ

kutuma

መላክ

familia

ቤተሰብ

bibi
የሴት አያት
babu
የወንድ አያት
baba
አባት
mama
እናት
mtoto
ህፃን
binti
ሴት ልጅ
bin
ወንድ ልጅ

mgeni

እንግዳ

shangazi

አክስት

mjomba

አጎት

kaka

ወንድም

dada

እህት

mwili

አካል

paji la uso
ግንባር
jicho
አይን
bega
ትከሻ
kidole
ጣት
uso
ፊት
kidevu
አገጭ
mkono
እጅ
mguu
እግር
matiti
ጡት
mkono
ክንድ

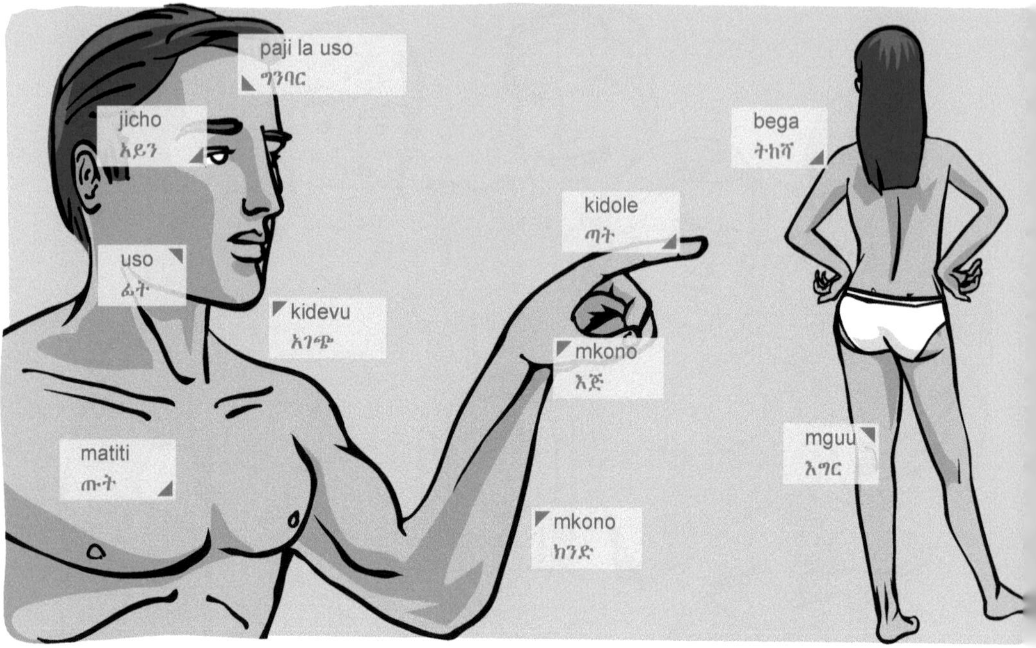

mtoto

ህፃን

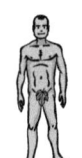

mwanamume

ሰዉ

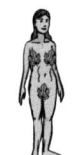

mwanamke

ሴት

msichana

ልጃገረድ

mvulana

ወንድ ልጅ

kichwa

ራስ

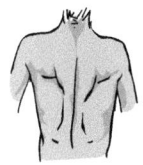

nyuma

ጀርባ

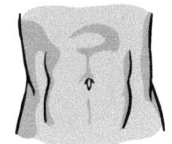

tumbo

ሆድ

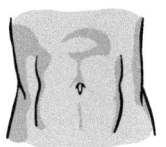

kitovu

እምብርት

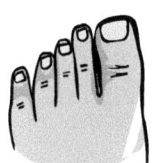

chano

የእግር ጣት

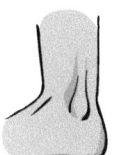

kisigino

ተረከዝ

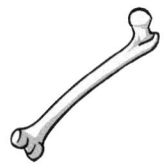

mfupa

አጥንት

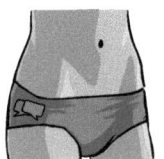

nyonga

ዳሌ

goti

ጉልበት

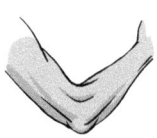

kiwiko

ክርን

pua

አፍንጫ

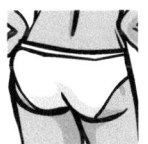

chini

ቂጥ

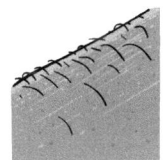

ngozi

ቆዳ

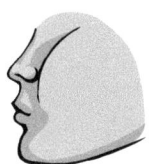

shavu

ጉንጭ

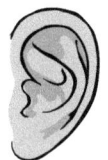

sikio

ጆሮ

mdomo

ከንፈር

kinywa

አፍ

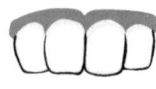

jino

ጥርስ

ulimi

ምላስ

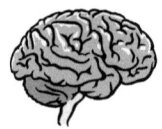

ubongo

አንጎል

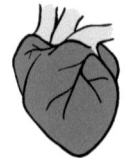

moyo

ልብ

misuli

ጡንቻ

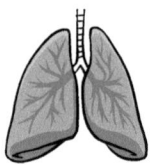

pafu

ሳምባ

ini

ጉበት

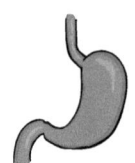

tumbo

ሆድ

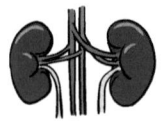

figo

ኩላሊቶች

jinsia

የግብረስጋ ግንኙነት

kondomu

ኮንዶም

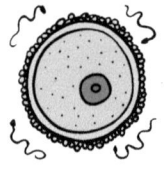

ovari

የሴት እንቁላል

shahawa

የዘር ፈሳሽ

mimba

እርግዝና

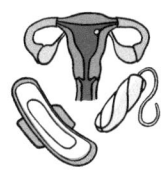

hedhi
....
የወር አበባ

uke
....
እምስ

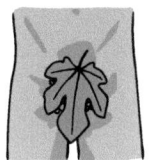

uume
....
ቁላ

unyusi
....
ቅንድብ

nywele
....
ፀጉር

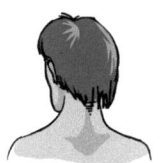

shingo
....
አንገት

hospitali

ሆስፒታል

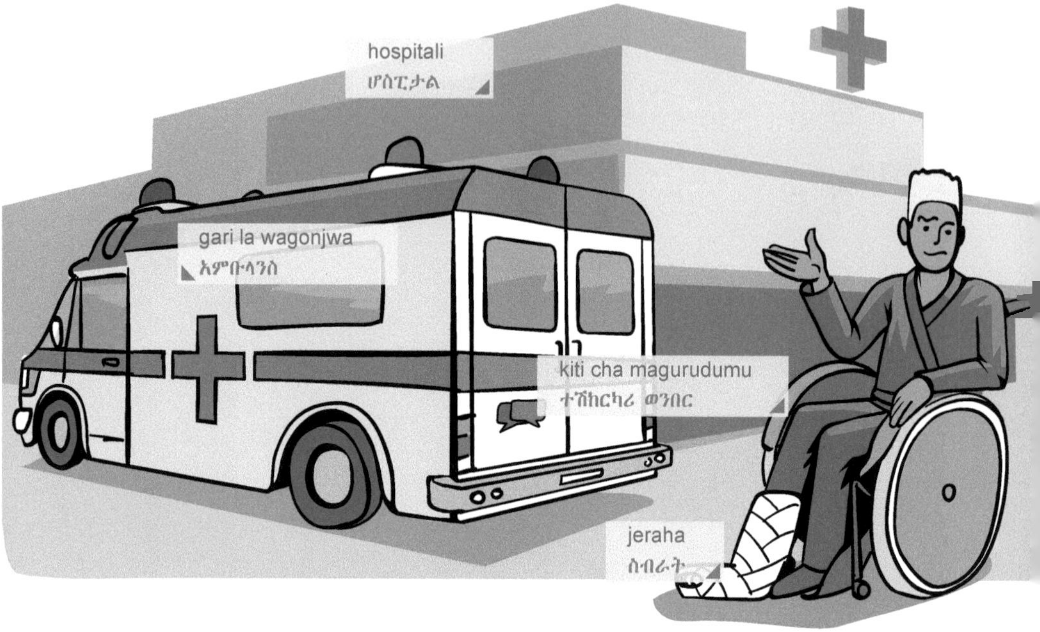

hospitali
ሆስፒታል
gari la wagonjwa
አምቡላንስ
kiti cha magurudumu
ተሽከርካሪ ወንበር
jeraha
ስብራት

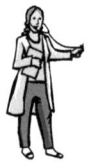

daktari

ዶክተር

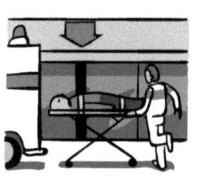

chumba cha dharura

ድንገተኛ ክፍል

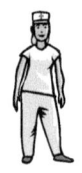

muuguzi

ነርስ

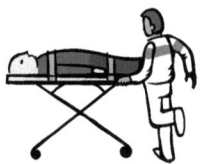

dharura

ድንገተኛ

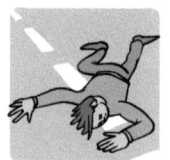

kupoteza fahamu

ራስን መሳት/ አለማወቅ

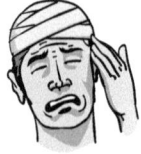

maumivu

ህመም

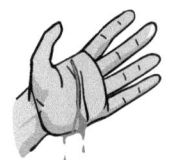

kuumia
....
ጉዳት

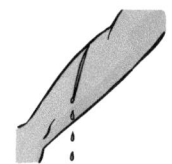

kutokwa na damu
....
መድማት

mshtuko wa moyo
....
የልብ ድካም

kiharusi
....
ስትሮክ

mzio
....
አለርጂ

kikohozi
....
ሳል

homa
....
ትኩሳት

mafua
....
ኢንፍሉዌንዛ

kuharisha
....
ተቅማጥ

maumivu ya kichwa
....
የራስ ምታት

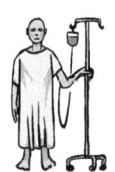

kansa
....
ካንሰር

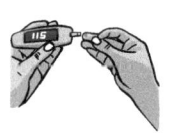

ugonjwa wa kisukari
....
የስኳር በሽታ

daktari mpasuaji
....
ቀዶ ጠጋኝ ሐኪም

kisu kidogo cha kupasulia
....
የቀዶ ጥገና ስለት

operesheni
....
ቀዶ ጥገና

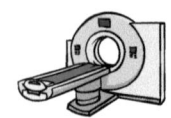

picha changanufu ya mwili

ቲ

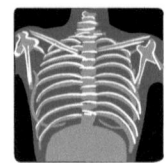

Eksrei

ክስሬዮ

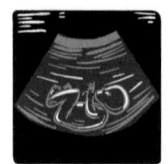

mawimbi sauti

ልትራሳዉንድ

barakoa ya uso

የፊት ጭምብል

ugonjwa

ሽታ

chumba cha kusubiri

መጠ ቂያ ክፍል

mkongojo

ምርኩዝ

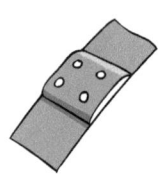

plasta

የቁስል ማሽጊያ

bendeji

ሻ

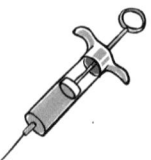

sindano

መርፌ

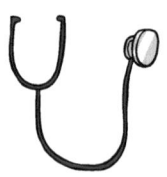

stetoskopu

የልብ ምት ማዳመጫ መሳሪያ

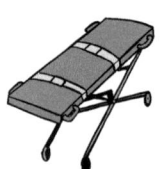

machela

የ ሽተኛ ልጋ

kipimajoto cha kliniki

የህክምና ሙቀት መለኪያ መሳሪያ

kuzaliwa

መውለድ

unene kupita kiasi

ከልክ ያለፈ ክብደት

kusikia misaada

ለመስማት የሚረዳ መሳሪያ

kipukusi

ፀረ ተባይ መድሀኒት

maambukizi

ማመርቀዝ

virusi

ቫይረስ

VVU / UKIMWI

ኤች አይቪ ኤድስ

dawa

ህክምና

chanjo

ክትባት

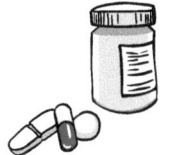

vidonge

ኪኒን

kidonge

ኪኒን

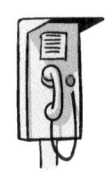

simu ya dharura

አስቸኳይ የስልክ ጥሪ

haemodainamometa

ደም ግፊት መቆጣጠሪያ

mgonjwa / mwenye afya

ህመም/ ጤንነት

dharura

Msaada!

እርዳታ!

kengele

ማንቂያ ደዉል

pigo

ጥቃት

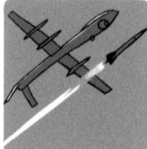

shambulizi

ድብደባ

hatari

አደጋ

lango la dharura

የድንገተኛ መዉጫ

Moto!

እሳት!

kizima moto

እሳት ማጥፊያ

ajali

አደጋ

vifaa vya huduma ya kwanza

የመጀመሪያ እርዳታ መድሃኒት መያዣ

wito wa msaada

ነፍስ አድን

polisi

ፖሊስ

Ulaya

አዉሮፓ

Amerika ya Kaskazini

ሰሜን አሜሪካ

Amerika ya Kusini

ደቡብ አሜሪካ

Afrika

አፍሪካ

Asia

እስያ

Australia

አዉስትራሊያ

Atlantiki

አትላንቲክ

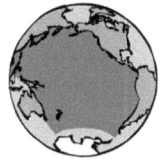

Pasifiki

ፓስፊክ

Bahari ya Hindi

የህንድ ዉቅያኖስ

Bahari ya Antaktiki

አንታርክቲክ ዉቅያኖስ

Bahari ya Aktiki

አርክቲክ ዉቅያኖስ

Ncha ya Kaskazini

ሰሜን ዋልታ

Ncha ya Kusini

ደቡብ ዋልታ

Antaktika

አንታርክቲካ

dunia

ምድር

nchi

መሬት

bahari

ባህር

kisiwa

ደሴት

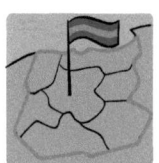

taifa

አገርና ህዝብ

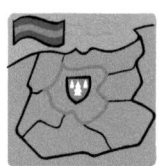

jimbo

መንግስት

saa

ሰዓት

uso wa saa

....

የሰዓት ገፅታ

akrabu ya saa

....

ሰዓት

akrabu ya dakika

....

ደቂቃ

akrabu ya sekunde

....

ሴኮንድ

Ni saa ngapi?

....

ስንት ሰዓት ነው?

siku

....

ቀን

wakati

....

ጊዜ

sasa

....

አሁን

saa ya dijitali

....

የቁጥር ሰዐት

dakika

....

ደቂቃ

saa

....

ሰዓታት

wiki

ሳምንት

Jumatatu
ሰኞ
MO
Jumanne
ክሰኞ
TU
Jumatano
ረቡዕ
W
Alhamisi
ሐሙስ
TH
Ijumaa
አርብ
FR
Jumamosi
ቅዳሜ
SA
Jumapili
እሁድ
SO

jana

ትላንት

leo

ዛሬ

kesho

ገ

asubuhi

ዳ

saa sita mchana

ትር

jioni

ምሽት

siku za biashara

የስራ ናት

mwishoni mwa wiki

የዕረፍት ናት

mvua
ዝናብ
upinde wa mvua
ቀስተ ዳመና
theluji
ጥጥ የሚመስል አመዳይ
በረዶ
majira ya machipuko
ፀደይ
kiangazi
በጋ
vuli
መኸር
majira ya baridi
ክረምት

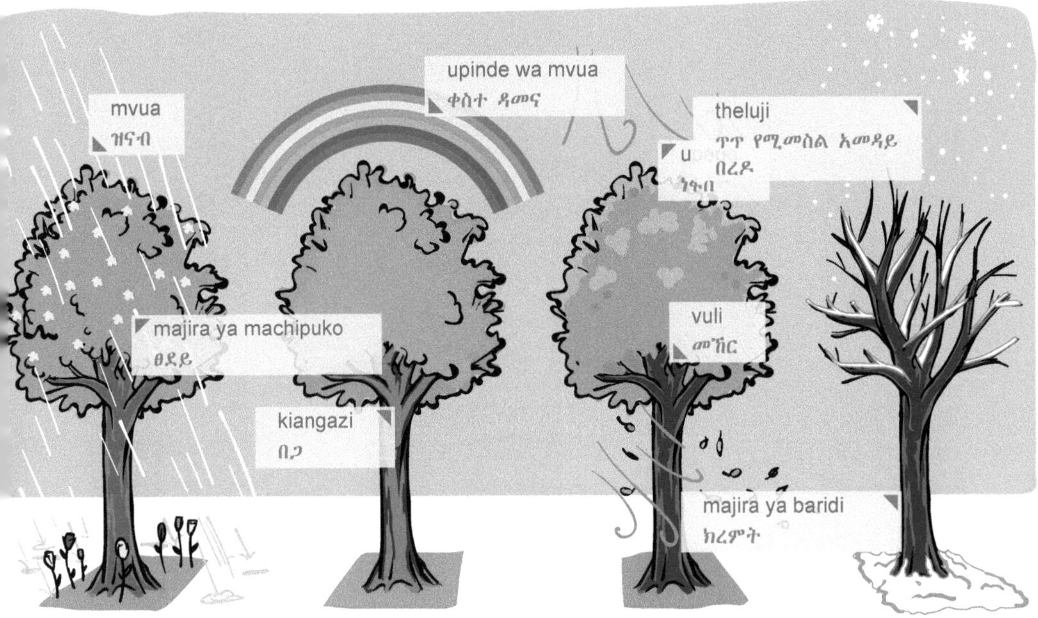

utabiri wa hali ya hewa

የአየር ሁኔታ ትንበያ

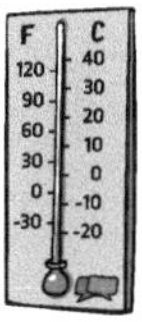

kipimajoto

የሙቀት መለኪያ

mwanga wa jua

የፀሀይ ሙቀት

wingu

ደመና

ukungu

ጭጋግ

unyevu

እርጥበታማነት

umeme

መብረቅ

radi

ነጎድጓድ

dhoruba

አዉሎ ንፋስ

mvua ya mawe

የበረዶ ዝናብ

monsuni

አዉሎ ንፋስ

mafuriko

ጎርፍ

barafu

በረዶ

Januari

ጥር

Februari

የካቲት

Machi

መጋቢት

Aprili

ሚያዚያ

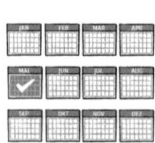

Mei

ግንቦት

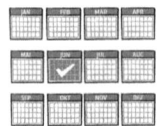

Juni

ሰኔ

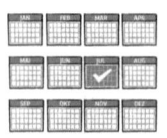

Julai

ሐምሌ

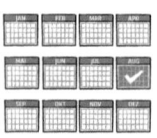

Agosti

ነሀሴ

Septemba

መስከረም

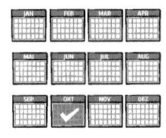

Oktoba

ጥቅምት

Novemba

ህዳር

Desemba

ታህሳስ

maumbo

ርዖች

mduara

ብ

mraba

አራት ማዕዘን

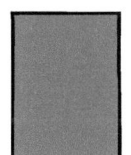

mstatili

አራት ጥተኛ ማዕዘኖች ጎኖች ያሉት ቅርፅ

pembetatu

ሶስት ማዕዘን

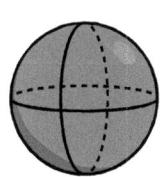

nyanja

ሉል

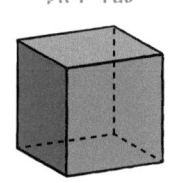

mchemraba

ስድስት ጎን ያለዉ ቅርፅ

rangi

ቀለማት

nyeupe

ነጭ

manjano

ቢጫ

chungwa

ብርቱካናማ

rangi ya waridi

ሮዝ

nyekundu

ቀይ

hudhurungi

ወይን ጠጅ

bluu

ሰማያዊ

kijani

አረንጓዴ

hanja

ቡኒ

jivujivu

ግራጫ

nyeusi

ጥቁር

mengi / kidogo

ብዙ/ ጥቂት

hasira / pole

ንዴት/ እርጋታ

nzuri / mbaya

ቆንጆ/ አስቀያሚ

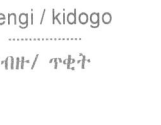

mwanzo / mwisho

ጅማሬ/ ፍፃሜ

kubwa / ndogo

ትልቅ/ ትንሽ

angavu / giza

ደማቅ/ ደብዛዛ

kaka / dada

ወንድም/ እህት

safi / chafu

ንፁህ/ ቆሻሻ

kamilika / tokamilika

የተሟላ/ ያልተሟላ

siku / usiku

ቀን/ ምሽት

wafu / hai

የሞተ/ ህያዉ

pana / nyembamba

ሰፊ/ ጠባብ

kulika / kutolika

የሚበላ/ የማይበላ

ovu / ema

ክፉ/ ደግ

sisimkwa / udhika

ደስተኛ/ ድብርተኛ

nene / nyembamba

ወፍራም/ ቀጭን

kwanza / mwisho

መጀመርያ/ መጨረሻ

rafiki / adui

ጓደኛ/ ጠላት

jaa / tupu

ሙሉ/ ጎዶሎ

ngumu / laini

ጠንካራ/ ለስላሳ

nzito / nyepesi

ከባድ/ ቀላል

njaa / kiu

ረሃብ/ ጥማት

mgonjwa / mwenye afya

ህመም/ ጤንነት

haramu / kisheria

ህገወጥ/ ህጋዊ

akili / kijinga

ጎበዝ/ ደደብ

kushoto / kulia

ግራ/ ቀኝ

karibu / mbali

ቅርብ/ ሩቅ

mpya / kutumika

አዲስ/ አሮጌ

kitu / jambo

ምንም/ የሆነ ነገር

zee / changa

ሽማግሌ/ ወጣት

waka / zima

የበራ/ የጠፋ

wazi / fungwa

ክፍት/ ዝግ

utulivu / kelele

ፀጥታ/ ጫጫታ

tajiri / masikini

ሃብታም/ ደሃ

sahihi / kosa

ትክክለኛ/ የተሳሳተ

mbaya / laini

ሻካራ/ ለስላሳ

huzunika / furahia

ሐዘን/ ደስታ

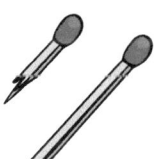

fupi /ndefu

አጭር/ ረዥም

polepole / haraka

ዝግተኛ/ ፈጣን

nyevu / kavu

እርጥብ/ ደረቅ

joto / baridi

ሞቃት/ ቀዝቃዛ

vita / amani

ጦርነት/ ሰላም

nambari
ቁጥሮች

0

sufuri

ዜሮ

1

moja

አንድ

2

mbili

ሁለት

3

tatu

ሶስት

4

nne

አራት

5

tano

አምስት

6

sita

ስድስት

7

saba

ሰባት

8

nane

ስምንት

9

tisa

ዘጠኝ

10

kumi

አስር

11

kumi na moja

አስራ አንድ

12

kumi na mbili

አስራ ሁለት

13

kumi na tatu

አስራ ሶስት

14

kumi na nne

አስራ አራት

15

kumi na tano

አስራ አምስት

16

kumi na sita

አስራ ስድስት

17

kumi na saba

አስራ ሰባት

18

kumi na nane

አስራ ሰስምንት

19

kumi na tisa

አስራ ዘጠኝ

20

ishirini

ሃያ

100

mia

መቶ

1.000

elfu

ሽህ

1.000.000

milioni

ሚሊዮን

lugha

ቋንቋዎች

Kiingereza

እንግሊዝኛ

Kiingereza cha Marekani

የአሜሪካ እንግሊዝኛ

Kimandarini cha Uchina

የቻይና ማንዳሪን

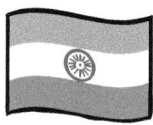

Kihindi

ሂንዱ

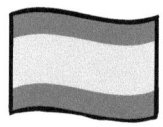

Kihispania

ስፓኒሽ

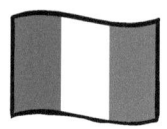

Kifaransa

ፍሬንች

Kiarabu

አረብኛ

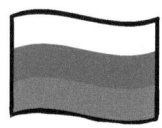

Kirusi

ራሺያኛ

Kireno

ፖርቹጊዝ

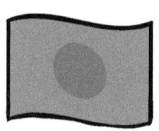

Kibengali

ቤንጋሊ

Kijerumani

ጀርመን

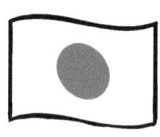

Kijapani

ጃፓንኛ

ambao / nini / jinsi

ማን/ ምን/ እንዴት

mimi

እኔ

wewe

አንተ

yeye / yeye / ni

እሱ/ እርሷ/ እቃዉ

sisi

እኛ

wewe

አንተ

wao

እነርሱ

nani?

ማን?

nini?

ምን?

jinsi gani?

እንዴት?

wapi?

የት?

lini?

መቼ?

jina

ስም

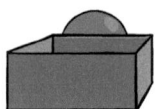

wapi

የት

nyuma

በስተጀርባ

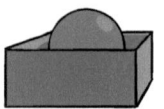

katika

ዉስጥ

mbele ya

ከፊት ለፊት

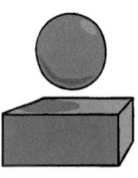

juu ya

ከላይ

kwenye

ላይ

chini ya

ከስር

kando

አጠገብ

kati

መሃከል

mahali

ቦታ